CHAMBRE DE COMMERCE DE MARSEILLE

DÉLIBÉRATION

SUR LES

MODIFICATIONS A APPORTER

DANS LA

LÉGISLATION ACTUELLE DES PATENTES

MARSEILLE

TYPOGRAPHIE DE MARIUS OLIVE

RUE SAINTE, 39

1872

Extrait du Registre des Délibérations.

Séance du 5 Novembre 1872.

. . . .

M. Alphonse GRANDVAL fait le Rapport suivant, au nom de la Commission qui avait été chargée de s'occuper du projet de révision de la loi des patentes :

MESSIEURS,

La loi votée par l'Assemblée nationale dans sa séance du 16 juillet dernier, dispose :

« ARTICLE 1er. — En sus des centimes généraux sans affectation spéciale, « il sera perçu au profit du Trésor, pour l'année 1873, 60 centimes « additionnels au principal de la contribution des patentes.

« ARTICLE 2. — Sont affranchis des 60 centimes additionnels au prin-« cipal de la contribution des patentes :
« 1° Les patentables des 7e et 8e classes du tableau A qui exercent « leurs professions dans les communes de 20,000 âmes et au-dessous ;

« 2° Les patentables dont les professions sont rangées dans les autres
« tableaux annexés aux lois de patente et dont les droits en principal
« n'excèdent pas 8 francs. »

« ARTICLE 3. — *Il sera procédé à la révision de la loi des patentes, et*
« *les résultats de cette révision seront soumis à l'approbation de l'Assemblée*
« *nationale.* »

En conséquence des dispositions de cet article 3 , l'administration
des Contributions Directes cherche à s'entourer de tous les renseignements de nature à l'éclairer sur la révision à apporter à la législation actuelle et qui devra être soumise à la sanction de l'Assemblée
ationale.

M. le Ministre des Finances ayant pensé qu'un des éléments les plus
utiles de cette enquête devait être l'opinion des Chambres de Commerce,
M. le Ministre du Commerce nous a adressé, à la date du 4 août dernier,
une lettre-circulaire pour nous prier d'examiner la question que soulève
cette révision.

La Chambre de Commerce ayant renvoyé cet examen à une commission spéciale, j'ai l'honneur de vous présenter en son nom le rapport
suivant:

Avant d'aborder l'examen des questions relatives à la révision de la
loi des Patentes, votre Commission a pensé qu'il pouvait être utile de
replacer sous les yeux de la Chambre les dispositions générales qui nous
régissent.

La loi du 25 avril 1844 porte :

« ARTICLE 1er. — Tout individu français ou étranger, qui exerce en
« France un commerce, une industrie, une profession, non compris
« dans les exceptions déterminées par la présente loi, est assujetti à la
« *Contribution des patentes.*

« **ARTICLE 2**. — La contribution des patentes se compose *d'un droit fixe*
« et *d'un droit proportionnel*.

« **ARTICLE 3**. — *Le droit fixe* est réglé conformément aux tableaux
« A, B, C, annexés à la présente loi.

« Il est établi :

« *Eu égard à la population*, et d'après un tarif *général*, pour les indus-
« tries et professions énumérées dans le tableau *A*.

« *Eu égard à la population*, et d'après un tarif *exceptionnel*, pour les
« industries et professions portées dans le tableau *B*.

« *Sans égard à la population*, pour celles qui font l'objet du tableau *C*.

« *Le droit proportionnel* est établi sur la valeur locative des locaux
« occupés par le patenté, avec des différences qui sont déterminées dans
« divers articles des lois actuellement en vigueur et dans divers tableaux
« annexés aux dites lois, qu'il est inutile de rappeler ici. »

Telles sont les dispositions générales des lois qui nous régissent.

Afin de compléter les renseignements utiles à connaître pour apprécier
sur quoi doit porter la révision de la législation actuelle des patentes,
nous croyons aussi indispensable de placer sous les yeux de la Chambre
les principales observations qui sont mentionnées dans la circulaire du
Ministre du 4 août dernier.

» La révision ordonnée, dit cette circulaire, doit avoir pour but :

« D'améliorer la législation actuelle, en établissant l'assiette de l'impôt
« dans une proportion aussi exacte que possible avec l'importance des
« professions, industries et commerces exercés par les contribuables,
« et *avec les bénéfices qu'ils peuvent en retirer*.

Votre Commission a particulièrement remarqué cette phrase : « *Et
« avec les bénéfices qu'ils peuvent en retirer*, » car si on devait arriver à la
proportion exacte de l'impôt par la proportion des bénéfices que peuvent

faire les contribuables, l'Administration serait amenée à s'immiscer dans les affaires de tous.

Mais le Gouvernement et l'Assemblée nationale n'ont certainement pas cette intention, puisque la circulaire dit ensuite que : « La discussion de la « loi du 16 juillet 1872 et les discussions qui l'ont précédée ont égale— « ment démontré l'intention de l'Assemblée nationale de n'admettre, « comme bases de l'impôt et comme signes présomptifs de l'importance « des professions imposables, que des *signes extérieurs* et dont la cons- « tatation pouvait être faite *sans aucune immixtion* des agents de « l'Administration dans les affaires des contribuables. »

Ces explications suffisent pour que l'on n'ait pas à s'arrêter, pour les bases de l'impôt, à la considération des *bénéfices probables des contribuables*, et que l'on n'ait à se baser que sur les *signes extérieurs*.

Nous nous sommes demandés, alors, quels sont ces signes extérieurs?

Nous pensons que ce sont ceux qui varient suivant les industries et les professions et qu'ils sont indiqués, par exemple, — s'il s'agit d'industrie, — par le nombre d'ouvriers employés, le nombre ou la force des engins mécaniques, tels que broches, s'il s'agit de filature de coton, capacité de chaudières, s'il s'agit de fabriques de savon, etc., etc.

Ces bases ainsi déterminées, nous avons examiné quelles étaient les professions classées dans les divers tableaux A, B, C, D ; — si des professions analogues et devant, comme telles, payer des droits équivalents n'étaient pas, au contraire, classées de manière à établir des patentes disproportionnées entre elles ; —enfin, s'il n'y avait pas lieu d'augmenter, de réduire ou de modifier les droits de patente auxquels sont soumises certaines professions, soit pour le droit fixe, soit pour le droit proportionnel.

Après avoir examiné dans leur ensemble et dans leurs détails tous les tableaux des patentes, nous venons résumer, d'abord *d'une manière générale*, quel est l'avis de votre Commission sur la révision de la législation des patentes ; ensuite *d'une manière particulière*, quelles sont les modifications qu'il lui paraît juste d'apporter, soit dans le droit fixe, soit dans le droit proportionnel, qui sont appliqués à certaines professions.

D'une manière générale, nous pensons :

1° Que les principes sur lesquels sont établis les *droits fixes* de la patente, *eu égard à la population* pour les industries et professions énumérées dans les tableaux A et B, *sans égard à la population* pour celles qui font l'objet du Tableau C,
Doivent être maintenus ;

2° Que des modifications du droit fixe peuvent être établies sur certaines professions ou industries ;

3° Que des modifications peuvent être aussi établies sur la quotité du droit proportionnel appliqué actuellement à certaines industries ou professions ;

4° Enfin, qu'il y a lieu de transporter d'un tableau à l'autre certaines professions.

Abordant, maintenant, les détails des modifications qu'il nous paraît juste d'apporter, soit dans les droits fixes, soit dans les droits proportionnels des patentes, nous venons vous proposer les modifications suivantes :

TABLEAU A.

Professions imposées eu égard à la population, d'après le Tarif général.

1ʳᵉ CLASSE.

1° Porter dans le [tableau B, avec l'article *Banquier*, les professions :

Caisse d'Escompte (tenant) ;
Caisse ou Comptoir d'avance ou de prêt (tenant) ;
Caisse ou Comptoir de recettes ou de paiements (tenant) ;
Escompteur.

Ces quatre professions sont évidemment de véritables professions de banque, et il nous a paru équitable de les classer dans la catégorie des banquiers, Tableau B.

2° Porter au Tableau A (deuxième classe) les professions suivantes :

Aiguilles à coudre et à tricoter (marchand d') en gros.
Bois à brûler (marchand de) celui qui, ayant chantier ou magasin, vend au stère ou par quantité équivalente ou supérieure.
Charbon de bois (marchand de) en gros.
Epingles (marchand d') en gros.
Faïences (marchand de) en gros.
Miel et cire brute (marchand expéditeur de).
Mine de plomb (marchand de) en gros.
Planches (marchand de) en gros.
Plume et duvet (marchand de) en gros.
Safran (marchand de) en gros.
Sangsues (marchand de) en gros.

Nota : Planches (marchand de) en gros.

Il nous paraît juste que le droit proportionnel soit établi au 30ᵉ sur l'établissement, comme pour les marchands de bois en gros.

3° Porter au Tableau A (3ᵉ classe) les professions suivantes :

Fanons ou barbes de baleine (marchand de) en gros.
Rogues ou œufs de morue (marchand de) en gros.
Rouge végétal (marchand de) en gros.

2ᵐᵉ CLASSE (Tableau A).

1° Porter au Tableau A (première classe) les professions suivantes :

Abattoir public (concessionnaire ou fermier d').
Entreprise générale du balayage, de l'arrosage ou de l'enlèvement des boues.
Joaillier (fabricant et marchand) ayant atelier et magasin.

2° Porter au Tableau A (troisième classe) les professions suivantes :

Aiguilles à coudre et à tricoter (marchand d') en demi-gros.
Bois à brûler (marchand de) (celui qui n'ayant ni chantier, ni magasin, vend sur bateau ou sur les ports, au stère et par quantité équivalente ou supérieure).
Epingles (marchand d') en gros.

3° Porter au Tableau A (quatrième classe) :

Fanons ou barbes de baleine (marchand de) en demi-gros.

3ᵐᵉ CLASSE (Tableau A).

1° Porter au Tableau A (première classe) les profession suivantes :

Affineur d'or, d'argent ou de platine ;
Bière (entrepositaire ou marchand de) en gros ;

Bœufs (marchand de) ;
Broderies (fabricant et marchand de) en gros ;
Chocolat (marchand de) en gros ;
Chocolat (fabricant de) avec machine à vapeur ou ouvriers ;
Imprimeur-libraire ;
Imprimeur-typographe ;
Liqueurs (fabricant de) ;
Navires (constructeur de).

2° Porter au Tableau A (deuxième classe) les professions suivantes :

Bâtiments (entrepreneur de) ;
Bazar de voitures (tenant) ;
Bijoutier (marchand) n'ayant point d'atelier ;
Bimbelotier (marchand) en demi-gros ;
Cirage ou encaustique (fabricant de) avec machine à vapeur ou
 ouvriers ;
Coraux bruts (marchand de) ;
Essayeur pour le commerce ;
Fondeur d'or et d'argent ;
Gantier (marchand fabricant) ;
Houblon (marchand de) en gros ;
Imprimerie (marchand de presses, caractères et ustensiles d') ;
Joaillier (marchand) n'ayant point d'atelier ;
Libraire-éditeur ;
Marbres (marchand de) en gros ;
Orfèvre (marchand) sans atelier ;
Sellier-carrossier.

3° Porter au Tableau A (cinquième classe) les professions suivantes :

Plume et duvet (marchand de) en détail ;
Plumes à écrire (marchand-expéditeur de).

4me CLASSE (Tableau A).

1° Porter au Tableau C (troisième partie) les professions suivantes :

> Alambics et autres grands vaisseaux en cuivre (fabricant d') ;
> Caoutchouc, gutta-percha et autres matières semblables (fabricant d'objets confectionnés ou d'étoffes garnies en).

Ces fabricants doivent évidemment être imposés :

Le premier comme le fabricant de chaudronnerie pour appareils à vapeur, à distiller, à concentrer, etc. ;

Le deuxième comme : caoutchouc et autres matières semblables (établissement mécanique pour la préparation ou l'emploi du).

Nota. — Ces deux transpositions ne doivent s'apliquer qu'au *fabricant* et le *marchand* doit être maintenu au Tableau A (quatrième classe).

2° Porter au Tableau A (deuxième classe) :

> Cartier (fabricant de cartes à jouer) ;
> Chapeaux de feutre, de soie ou de paille (fabricant de) ;
> Chevaux (marchand de) ;
> Cordier (fabricant de câbles et cordages pour la marine ou la navigation intérieure ;
> Farines (marchand de) en gros ;
> Fosses mobiles inodores (entrepreneur de) ;
> Fromages de pâte grasse (marchand de) en gros ;
> Fromages secs (marchand de) en demi-gros ;
> Grains (marchand de) en gros ;
> Grains et farines (commissionnaire en) ;
> Légumes secs (marchand de) en gros ;

Location d'immeubles (entrepreneur de), celui dont la profession
consiste à louer, par spéculation, des maisons exclusivement
en vue de les sous-louer ;
Lustres (fabricant et marchand de) ;
Tonneaux, barriques, etc. (fabrique de) pour expéditions mari-
times ou commerciales.

3° Porter au Tableau A (troisième classe) :

Cafetier ;
Eaux minérales naturelles ou factices (marchand d') ;
Estaminets (maître d') ;
Fécules (marchand de) en gros ;
Fonte ouvragée (marchand de) ;
Fourreur ;
Jardin public (tenant un) ;
Maillechort et autres compositions métalliques (fabricant ou mar-
chand en gros d'objets en) ;
Œufs ou volailles (marchand d') en gros ;
Oranges, citrons (marchand d') expéditeur.

4° Porter au Tableau A (cinquième classe) les professions suivantes :
Cire à cacheter (fabricant de) ;
Cotrets sur bateaux (marchand de).

5me CLASSE (Tableau A).

1° Porter au Tableau A (deuxième classe) la profession suivante :
Appareils et ustensiles pour l'éclairage au gaz (fabricant d').

2° Porter au Tableau A (troisième classe) les professions suivantes :
Armurier ;
Bijoux en faux (marchand de),

Chapellerie en fin ,
Chapellerie (marchand de fournitures pour la) ;
Cheveux (marchand de) ;
Coffretier-malletier en cuir ;
Curiosité (marchand en boutique d'objets de) ;
Layetier-emballeur ;
Monuments funèbres (entrepreneur de) ;
Vidange (entrepreneur).

3° Porter au Tableau A (quatrième classe) les professions suivantes :

Bals publics (entrepreneur de),
Sellier—harnacheur.

4° Porter au Tableau A (sixième classe) la profession suivante :

Albâtre (fabricant ou marchand d'objets en).

6me CLASSE (Tableau A).

1° Porter au Tableau A (première classe) la profession suivante :

Allumettes chimiques (fabricant marchand d') ;

2° Porter au Tableau A (deuxième classe) les professions suivantes :

Annonces et avis divers (entrepreneur d'insertion d') ;
Sacs de toiles (fabricant et marchand de) ;

3° Porter au Tableau A (quatrième classe) la profession suivante :

Fourneaux potagers (fabricant et marchand de).

TABLEAU B.

« Votre Commission est d'avis qu'il faut *maintenir les droits propor-tionnels*, tels qu'ils sont établis dans ce tableau, mais qu'il est juste de *modifier les droits fixes* de la manière suivante :

1° *Agent de Change.*

Doubler le droit fixe actuel *dans les villes où il y a un Parquet pour la négociation des titres.*

Le nombre considérable de titres, rentes, actions et obligations, non-seulement français mais étrangers, qui composent aujourd'hui la fortune publique et qui se vendent à la Bourse, procurant aux agents de change, dans les villes où il y a un parquet, des transactions et des commissions très-importantes dont ne profitent pas les agents de change résidant dans les villes qui n'ont pas de parquet, il nous paraît très-juste d'établir une différence, dans le chiffre de l'impôt, entre les villes qui ont un parquet et celles qui n'en ont pas.

Nous sommes donc d'avis qu'il est juste que, pour les agents de change, l'impôt soit établi non-seulement eu égard à la population, mais encore eu égard à ce qu'il y a ou non un parquet pour la négociation des titres, et de doubler, en conséquence, le droit fixe actuel dans les villes où il y a un parquet.

2° *Banquier.*

Nous pensons qu'il serait juste de relever d'une manière sensible la patente imposée actuellement au banquier dans les grandes villes, en établissant notamment une nouvelle classification dans les villes au-dessus de 100,000 âmes.

L'augmentation que nous vous proposons nous paraît justifiée principalement par ce motif que le droit *proportionnel* atteint le banquier, relativement à l'importance de ses affaires, dans une proportion moindre que les autres professions.

Nous vous proposons, en conséquence, de modifier de la manière suivante la patente du banquier. Tableau B.

A Paris . . . . 3,000 F.
Dans les villes au—dessus de 100,000 âmes . . . . 1,000 »
    »   de 50 à 100,000 âmes . . . . 750 »
    »   de 30 à 50,000 âmes . . . . 500 »
    »   au-dessous de 30,000 âmes . . . . 400 »

3° *Inhumations (entreprise des) à Paris.*

2,000 fr. au lieu de 1,000 fr.

4° *Monnaies (Directeur des) à Paris.*

2,000 fr. au lieu de 1,000 fr.

TABLEAU C.

1re PARTIE.

Votre Commission est d'avis de maintenir les droits proportionnels tels qu'ils sont établis, mais de modifier les droits fixes de la manière suivante :

1° *Armateur.*

Nous avons examiné avec le plus grand soin la situation faite aux armateurs par la loi actuelle de la patente, surtout en tenant compte de l'application qui doit avoir lieu, à partir du 1er janvier 1873, des 60 centimes additionnels au principal, conformément à la loi du 16 juillet dernier.

Cet examen nous a démontré qu'il était indispensable que le droit fixe de la patente d'armateur soit modifié d'une manière très-sensible.

Nous avions déjà reconnu la nécessité de cette modification, lorsque nous avons reçu en communication de M. le Ministre du Commerce les réclamations adressées dernièrement à ce sujet à M. le Ministre des Finances par les armateurs du Havre et de Marseille.

Les armateurs ont raison de demander une réduction de la patente qui leur est imposée, parce que les taux de 48 centimes et de 30 centimes, par tonneau, appliqués aux diverses catégories d'armateurs, sont trop élevés ; mais nous ne sommes pas de leur avis de motiver cette réduction par la comparaison absolue de la profession d'armateur à celle du négociant.

Ce sont deux professions qui n'ont aucune analogie entre elles et qui ne doivent pas être comparées.

Le négociant est justement placé dans le tableau B et imposé eu égard à la population, d'après un tarif exceptionnel, parce qu'il exerce une profession *qui n'a pas de signe extérieur*.

L'armateur est. avec raison, aussi placé dans le Tableau C et imposé avec les professions qui ont des signes extérieurs, *sans égard à la population*.

Le signe extérieur de l'armateur est le tonnage, comme celui du filateur est le nombre de broches.

Si on voulait admettre la comparaison entre le négociant et l'armateur, on détruirait le principe du Tableau C, d'après lequel l'industriel paie une patente proportionnelle au nombre des ouvriers, au nombre ou à la force des engins mécaniques, à la capacité des chaudières, etc.

Les armateurs ne sont pas fondés non plus à comparer leur situation, en cas d'association, à celle des négociants associés, et à dire qu'il y a une inégalité pour eux.

En effet, l'article 19 de la loi du 26 juillet 1860, s'applique de la même manière aux négociants associés, aux armateurs associés et à toutes les professions où il y a plusieurs associés.

Conformément à l'article 19 de cette loi, deux associés en nom collectif paient ensemble une patente et demie ; trois associés paient ensemble une patente et deux tiers.

Lorsqu'il s'agit d'une profession indiquée dans le Tableau B, celle de négociant d'une ville de 1re classe par exemple, qui est taxé aujourd'hui à 300 fr.

Deux négociants associés paient :

Le 1er associé		300 F.
Le 2e » la 1/2		150 »
	Ensemble	450 F.

S'il s'agit d'une profession indiquée dans le Tableau C, celle d'armateur, comme celle de filateur, on doit forcément, en cas d'association, réunir, soit le tonnage, s'il s'agit d'armateurs, soit le nombre de broches, s'il s'agit de filateurs, et le droit de patente doit être appliqué aux associés sur la réunion de ces signes extérieurs.

On ne peut pas procéder autrement, puisque c'est un droit principal, et si on voulait appliquer une autre base aux armateurs associés, il faudrait aussi l'appliquer aux autres professions classées dans le Tableau C.

Après avoir répondu ainsi aux questions sur lesquelles Monsieur le Ministre du Commerce a désiré appeler notre attention par sa lettre du 16 octobre 1872, nous avons à vous indiquer quelles sont les modifications que nous croyons juste d'apporter dans les droits fixes de patente imposées aux armateurs.

Nous sommes d'avis que la base d'après le tonnage doit être maintenue, mais que la taxe doit être réduite.

Nous indiquerons ci-après quelles doivent être ces réductions.

L'attention de votre Commission a dû se porter aussi sur la patente imposée aux bateaux à vapeur.

Tandis que les armateurs voiliers sont taxés d'après le tonnage, toutes les entreprises de bateaux à vapeur, pour voyageurs ou marchandises, sont taxées à des chiffres fixes variant de 180 fr. à 360 maximun.

Nous sommes d'avis que cette différence de base constitue des inégalités qui ne doivent pas exister, et nous devons demander que la même base, — celle du tonnage, — soit désormais appliquée à toutes ces professions.

Les bateaux à vapeur font aujourd'hui le transport des voyageurs et des marchandises ; ils se développent de plus en plus et font une concur-

rence de plus en plus sérieuse aux navires à voiles ; il n'y a doncaucune
raison de leur appliquer une patente privilégiée.

Adoptant ainsi la même base, — celle du tonnage, — pour toutes
ces professions, nous avons examiné avec soin quels sont les taux qu'il
serait le plus juste d'appliquer aux diverses catégories.

Nous sommes d'avis qu'il est juste d'imposer aux bateaux à vapeur
une patente plus forte qu'aux bateaux à voiles, parce que le bateau à
vapeur fait des voyages beaucoup plus nombreux, que son utilisation est
plus grande et qu'il représente une valeur plus considérable.

Nous vous proposons, en conséquence, la classification suivante :

Armateur, pour le long-cours (voilier), 20 centimes par chaque tonneau, au lieu de 48.

Armateur, pour le grand et le petit cabotage, la pêche de la baleine,
celle de la morue, la pêche ordinaire ou petite pêche et armateur au bor-
nage (voiliers) :
0.15 centimes par chaque tonneau, au lieu de 0.30.

Bateaux et paquebots à vapeur pour le transport des voyageurs ou
des marchandises (entreprise) :
Sur fleuves, rivières et le long des côtes : 20 centimes par chaque
tonneau.

Pour tous autres voyages : 25 centimes par chaque tonneau.

Bateaux à vapeur remorqueurs (entreprise) : 20 centimes par chaque
tonneau.

2° *Assurances non mutuelles :*

Augmenter de 50 0/0.

3° *Banque de France y compris ses Comptoirs :*

40,000 francs au lieu de 24,000 francs.

4° *Crédit foncier de France (Société du) :*

18,000 francs au lieu de 6,000 francs.

5° *Société formée par actions pour opérations de banque, de crédit, d'escompte, de dépôts, comptes-courants, etc. :*

La patente de ces sociétés est actuellement fixée de la manière suivante :

Tableau C 1re Partie.	Ayant un capital social de *1 million à 2 millions.* **F.** 100 Pour chaque million de capital en sus .... » 120
Article 3 de la loi du 8 Mai 1869.	Ayant un capital de 1 *million et au-dessous,* elles sont imposées aux droits de patente, selon la nature de la profession exercée, d'après les tarifs des Tableaux **A** et **B** annexés à la loi du 25 Avril 1844.

Il y a lieu de présenter les observations suivantes sur l'impôt de la patente qui est appliquée aux sociétés par actions, pour opération de banque, etc., c'est-à-dire aux sociétés financières par actions.

D'abord, pourquoi classe-t-on ces sociétés dans les tableaux A et B, si elles ont un capital de un million et au-dessous, et dans le tableau C pour un capital plus fort ?

Ensuite, pourquoi établit-on une différence de taxe entre une société de banque par actions et un banquier ?

Cela nous paraît être une erreur évidente, car on n'a pas établi de différence de patente entre les divers banquiers. On ne tient pas compte de leur capital.

Les sociétés de banque et de crédit par actions font identiquement les mêmes affaires que les banquiers.

Elles exercent la même profession ; elles ne diffèrent que parce que l'une est formée par actions et que l'autre ne l'est pas.

On ne saurait admettre une différence dans la base de la patente que tout autant que ce serait conformément à un principe général appliqué à toutes les professions.

Si le législateur veut établir désormais une patente différente, suivant que la profession est exercée ou non en société par actions, il faut que cette loi s'applique à toutes les professions.

Mais alors que toutes les sociétés commerciales ou industrielles, raffineries de sucre, papeteries, forges et hauts-fourneaux, etc., payent la même patente sans distinction entre celles qui sont formées par actions et celles qui ne le sont pas, nous trouvons qu'il n'est pas juste d'établir une distinction entre le banquier et la société formée par actions pour opérations de banque, etc.

Il ne faut pas perdre de vue, enfin, que les droits et les obligations imposées aux sociétés par actions et aux actions elles-mêmes, en dehors de la patente, sont aussi bien appliqués aux sociétés de banque par actions qu'à toutes les autres sociétés.

Cette distinction qui existe dans la loi actuelle est si peu explicable, qu'elle n'existe que pour les sociétés de banque par actions ayant plus d'un million de capital. Nous venons de voir qu'au-dessous de 1 million, la société par actions est taxée sur la base du banquier.

Nous concluons donc à demander que la société formée par actions pour opérations de banque, soit portée du tableau C au tableau B et assimilée au banquier, sans établir de différence relative au capital social.

3ᵐᵉ PARTIE (Tableau C).

———

1° *Cocons (Filerie de)*.

3 fr. par bassine ou tour, au lieu de 1 fr. 80.

2° *Eaux minérales et thermales (Exploitation d')*.

500 fr. au lieu de 180 fr.

Telles sont, Messieurs, les modifications qu'il y aurait lieu, dans la pensée de votre Commission, d'apporter à la législation actuelle des patentes. J'ai l'honneur de les soumettre, en son nom, à votre approbation. »

Ce rapport entendu, la Chambre en adopte entièrement les conclusions et les convertit en délibération.

Elle décide qu'une expédition en sera immédiatement adressée à M. le Ministre des Finances, conformément aux instructions contenues dans la lettre-circulaire de M. le Ministre du Commerce, en date du 4 août dernier.

Pour extrait certifié conforme :

Le Président de la Chambre de Commerce,

J. GIMMIG.